DE KRACHT VAN NEDERIGHEID OVER ZONDE:
HOE GOD HET MINSTE GEBRUIKT OM ZIJN DOEL TE VERVULLEN

Copyright © 2024

Lord & Benoit Publishing

Author: B. Benoit

ISBN: 978-0-9888692-7-1

The Holy Bible is not copywritten. Some translations are. But not this one. All Scriptures are from the Statenvertaling (SW), or States Translation, which is a Dutch translation of the Bible that was first published in 1637. Since it was published over 100 years ago, it is considered to be in the public domain. Works that were published before 1923, including the original Statenvertaling, are typically no longer under copyright protection and can be freely used, reproduced, and distributed.

Cover Photo and Design

Picture of B. Benoit's humble wife in their backyard on Cape Cod, in the United States of America. Thank You Jesus.

This book is dedicated to my spiritual son-in-the-Lord, Jannes Renard and his lovely wife, children and all their friends! I hope these Bible verses are a source of encouragement for you to plug into YOUR calling and gifting, in Jesus' name. Amen.

~ B. Benoit

Contents

INLEIDING:		1
#1	Genesis 18:27	3
#2	Genesis 25:23	3
#3	Genesis 29:18	4
#4	Genesis 48:14	4
#5	Exodus 3:11	5
#6	Exodus 4:10-11	5
#7	Exodus 33:19	6
#8	Deuteronomium 7:7-8	6
#9	Deuteronomium 10:18	7
#10	Richteren 6:15	7
#11	Richteren 7:2	8
#12	1 Samuel 2:8	8
#13	1 Samuel 9:21	9
#14	1 Samuel 15:17	9
#15	1 Samuel 16:11-12	10
#16	1 Samuel 17:45	10
#17	2 Samuel 6:21-22	11
#18	2 Samuel 7:18	11
#19	Job 5:11	12
#20	Psalm 8:2	12

#21	Psalm 25:9	12
#22	Psalm 34:6	13
#23	Psalm 34:18	13
#24	Psalm 37:11	13
#25	Psalm 138:6	14
#26	Psalm 145:14	14
#27	Psalm 147:6	14
#28	Proverbs 3:34	15
#29	Proverbs 22:4	15
#30	Isaiah 40:29	15
#31	Isaiah 40:31	16
#32	Isaiah 41:14	16
#33	Isaiah 49:1	17
#34	Isaiah 53:2-3	17
#35	Isaiah 57:15	18
#36	Isaiah 61:1	18
#37	Isaiah 66:2	19
#38	Jeremiah 1:6-7	19
#39	Micah 5:2	20
#40	Zephaniah 3:12	20
#41	Zechariah 4:10	21
#42	Matthew 5:5	21
#43	Matthew 10:42	22

#44	Matthew 11:25	22
#45	Matthew 11:28-29	23
#46	Matthew 18:3-4	23
#47	Matthew 19:30	24
#48	Matthew 20:16	24
#49	Matthew 21:16	24
#50	Mark 10:14-15	25
#51	Luke 1:48	25
#52	Luke 1:52	26
#53	Luke 1:53	26
#54	Luke 4:18	26
#55	Luke 6:20	27
#56	Luke 9:48	27
#57	Luke 18:13-14	28
#58	Acts 4:13	28
#59	Romans 5:6	29
#60	Romans 8:26	29
#61	Romans 9:11-13	30
#62	Romans 9:15-16	30
#63	Romans 9:21	31
#64	Romans 11:5	31
#65	Romans 12:16	31

#66	1 Corinthians 1:26	32
#67	1 Corinthians 1:27	32
#68	1 Corinthians 1:28-29	32
#69	1 Corinthians 4:10	33
#70	1 Corinthians 9:22	33
#71	1 Corinthians 12:22-23	34
#72	2 Corinthians 3:5	34
#73	2 Corinthians 4:7	35
#74	2 Corinthians 4:8-9	35
#75	2 Corinthians 8:9	36
#76	2 Corinthians 10:10	36
#77	2 Corinthians 12:5	37
#78	2 Corinthians 12:9-10	37
#79	2 Corinthians 13:4	38
#80	Ephesians 1:4	38
#81	Ephesians 2:8-9	39
#82	Ephesians 3:8	39
#83	Philippians 2:3	40
#84	Philippians 4:12-13	40
#85	1 Timothy 1:15	41
#86	1 Peter 5:5	41
#87	1 Peter 5:6	42
#88	Hebrews 11:34	42

#89	James 1:9	43
#90	James 2:5	43
#91	James 4:6	44

DE KRACHT VAN NEDERIGHEID OVER ZONDE:
HOE GOD DE MINSTE GEBRUINKT OM ZIJN DOEL TE VERVULEENT

INLEIDING:

"God koos jou omdat je de minste van alle mensen bent".

In een wereld waar grootheid vaak wordt afgemeten aan macht, rijkdom en status, is het idee dat God de minste, de nederige kiest, een diepe en prachtige waarheid. Nederigheid is de sleutel tot een leven in oprechte relatie met God, want het is het tegenovergestelde van hoogmoed - de bron van zonde. Trots werpt barrières op, plaatst zichzelf in het middelpunt en snijdt de stroom van genade af die God in Zijn schepping wilde storten. Maar nederigheid opent het hart wijd en maakt ruimte voor Gods aanwezigheid, leiding en liefde om te gedijen.

Vanaf het begin onthult de Schrift dat God diegenen waardeert die zichzelf niet zien als groot in hun eigen ogen, maar als klein en afhankelijk van Hem. Het is in onze zwakheid, onze erkenning van hoe kwetsbaar en onwaardig we in ons eentje zijn, dat Gods kracht volmaakt wordt. Nederigheid is het tegengif tegen zonde, omdat het ons op één lijn houdt met Gods hart en voorkomt dat de trots die leidde tot de eerste rebellie in Eden onze relatie met Hem binnendringt.

Toen God Israël koos, maakte Hij duidelijk dat dit niet was omdat ze talrijk, machtig of groot waren onder de volken, maar juist omdat ze de minste waren

(Deuteronomium 7:7). Dit principe geldt niet alleen voor het oude volk Israël, maar voor iedereen die voor God kiest. Het zijn de nederige van hart die werkelijk de nood aan Gods leiding begrijpen en daardoor door Hem voor Zijn doeleinden worden uitverkoren.

God is altijd op zoek naar de nederige, zij die begrijpen dat ze zonder Hem niets zijn. Hij roept hen, niet om wat ze kunnen, maar om wat Hij door hen heen kan doen. In dit boek zullen we onderzoeken hoe God de minsten onder ons heeft gebruikt, hoe nederigheid ons beschermt tegen de vernietigende kracht van trots en zonde, en hoe we door een nederig hart de volledige en rijke relatie met God kunnen ervaren die Hij vanaf het begin voor ogen had.

DE KRACHT VAN NEDERIGHEID OVER ZONDE:
HOE GOD DE MINSTE GEBRUINKT OM ZIJN DOEL TE VERVULEENT

#1 Genesis 18:27
> "En Abraham antwoordde en zeide: Zie, ik heb mij aangedurfd te spreken tot den Heere, alhoewel ik stof en as ben."

#2 Genesis 25:23
> "En de Heere zeide tot haar: Twee volken zijn in uw schoot, en twee natiën zullen uit uw ingewanden gescheiden worden; en de ene natie zal sterker zijn dan de andere; en de oudste zal de jongste dienen."

#3 Genesis 29:18

"En Jacob had Rachel lief, en hij zeide: Ik zal u zeven jaren dienen voor Rachel, uw jongste dochter."

#4 Genesis 48:14

"Maar Israël strekte zijn rechterhand uit en legde die op Efraïm's hoofd, hoewel hij de jongste was; en zijn linkerhand op Manasse's hoofd, leidende zijn handen gewillig, want Manasse was de eerstgeborene."

DE KRACHT VAN NEDERIGHEID OVER ZONDE:
HOE GOD DE MINSTE GEBRUINKT OM ZIJN DOEL TE VERVULEENT

#5 Exodus 3:11

"En Mozes zeide tot God: Wie ben ik, dat ik naar Farao zou gaan en de kinderen Israëls uit Egypte zou uittrekken?"

#6 Exodus 4:10-11

"En Mozes zeide tot den Heere: Ach, Heere! ik ben niet eloquent, niet van gisteren af, noch van de tijd, dat U tot uw dienaar gesproken hebt; want ik ben zwaar van mond en zwaar van tong. Toen zeide de Heere tot hem: Wie heeft den mond gegeven aan den mensch? Of wie maakt den stomme of de doofachtige of den ziende of den blinde? Ben Ik het niet, de Heere?"

#7 Exodus 33:19

"En Hij zeide: Ik zal al mijn goedheid voor uw aangezicht voorbijgaan; en Ik zal den naam des Heeren voor u uitroepen; en Ik zal genade geven, aan wie Ik genade geef, en zal barmhartig zijn, aan wie Ik barmhartig ben."

#8 Deuteronomium 7:7-8

"De Heere heeft zijn liefde niet op u gesteld, noch u gekozen, omdat gij meer in aantal zijt dan alle volken; want gij zijt het kleinste van alle volken; maar omdat de Heere u liefhad en omdat Hij de eed hield, die Hij aan uw vaderen gezworen heeft, heeft de Heere u met een sterke hand uitgeleid en u uit het huis der dienstbaarheid, uit de hand van Farao, den koning van Egypte, verlost."

DE KRACHT VAN NEDERIGHEID OVER ZONDE:
HOE GOD DE MINSTE GEBRUINKT OM ZIJN DOEL TE VERVULEENT

#9 Deuteronomium 10:18

"Die recht doet aan den wees en aan de weduwe, en den vreemdeling liefheeft, om hem zijn brood en zijn klederen te geven."

#10 Richteren 6:15

"En hij zeide tot Hem: Ach, mijn Heer! waarmee zou ik Israël verlossen? Zie, mijn geslacht is het armste in Manasse, en ik ben de geringste in mijn vader's huis."

#11 Richteren 7:2
"En de Heere zeide tot Gideon: Het volk, dat bij u is, is te veel voor Mij, om de Midianieten in hun hand te geven; opdat Israël zich niet beroeme tegen Mij en zegge: Mijn hand heeft mij gered."

#12 1 Samuel 2:8
"Hij doet de arme van de aarde opstaan, en verhoogt den ellendige uit den ashoop, om hem bij de prinsen te zetten, en om hem de troon der eer te doen beërven; want de pilaren der aarde zijn des Heeren, en Hij heeft de wereld daarop gesteld."

DE KRACHT VAN NEDERIGHEID OVER ZONDE:
HOE GOD DE MINSTE GEBRUINKT OM ZIJN DOEL TE VERVULEENT

#13   1 Samuel 9:21
"En Saul antwoordde en zeide: Ben ik niet een Benjamiet, van de kleinste der stammen van Israël, en is mijn familie niet de geringste van alle families der stam van Benjamin? Waarom dan spreekt gij alzo tot mij?"

#14   1 Samuel 15:17
"En Samuel zeide: Toen gij klein waart in uw eigen ogen, waart gij niet de hoofd van de stammen van Israël? En de Heere heeft u tot koning over Israël gezalfd."

#15 1 Samuel 16:11-12

"En Samuel zeide tot Jesse: Zijn deze alle jonge mannen? En hij zeide: De grootste is nog niet; zie, hij houdt de schapen. Toen zeide Samuel tot Jesse: Stuur en haal hem; want wij zullen niet zitten, totdat hij hier komt. En hij zond en haalde hem in; en hij was een roodachtig man, met schone ogen, en een goede gedaante. En de Heere zeide: Sta op en zalf hem, want deze is het."

#16 1 Samuel 17:45

"Toen zeide David tot den Filistijn: Gij komt tot mij met een zwaard, en met een spies, en met een schild; maar ik kom tot u in de Naam des Heeren der heirscharen, den God der legers van Israël, dien gij uitgedaagd hebt."

DE KRACHT VAN NEDERIGHEID OVER ZONDE:
HOE GOD DE MINSTE GEBRUINKT OM ZIJN DOEL TE VERVULEENT

#17   2 Samuel 6:21-22

"En David zeide tot Michal: Voor den Heere heb ik gedanst, die mij verkoren heeft, boven uw vader en boven zijn ganse huis, om mij tot een vorst over het volk des Heeren, over Israël, te stellen; en ik zal voor den Heere dansen. En ik zal nog kleiner worden dan dit, en zal nederig zijn in mijn eigen ogen; maar van de dienstmaagden, waarvan gij gesproken hebt, van die zal ik eer ontvangen."

#18   2 Samuel 7:18

"Toen ging koning David in, en zat voor het aangezicht des Heeren; en hij zeide: Wie ben ik, o Heere God, en wat is mijn huis, dat Gij mij tot hiertoe gebracht hebt?"

#19   Job 5:11
   "Die de nederige op de hoogte stelt, en die de treurigen naar veiligheid leidt."

#20   Psalm 8:2
   "Uit de mond der kinderen en der zuigelingen hebt Gij sterkte geordend, om de vijand en den wraakgierigen te doen zwijgen."

#21   Psalm 25:9
   "De nederige leidt Hij in het oordeel; de nederige leert Hij zijn weg."

DE KRACHT VAN NEDERIGHEID OVER ZONDE:
HOE GOD DE MINSTE GEBRUINKT OM ZIJN DOEL TE VERVULEENT

#22 Psalm 34:6
"Dit arme mannetje heeft geroepen, en de Heere heeft hem gehoord, en heeft hem van al zijn benoudheden gered."

#23 Psalm 34:18
"De Heere is nabij de gebrokenen van hart; en Hij verlost de verontrusten van geest."

#24 Psalm 37:11
"Maar de zachtmoedigen zullen het land beërven, en zich verkwikken met grote vrede."

#25 Psalm 138:6
"De Heere is hoog, maar Hij ziet op den nederige, en den hoogmoedige kent Hij van verre."

#26 Psalm 145:14
"De Heere ondersteunt allen die vallen, en verhoogt allen die gebogen zijn."

#27 Psalm 147:6
"De Heere verheft de nederigen; maar de goddelozen werpt Hij ter aarde."

DE KRACHT VAN NEDERIGHEID OVER ZONDE:
HOE GOD DE MINSTE GEBRUINKT OM ZIJN DOEL TE VERVULEENT

#28 Proverbs 3:34
"Voorzeker, Hij bespot de spotters; maar aan de nederigen geeft Hij genade."

#29 Proverbs 22:4
"De vrucht der nederigheid en der vrees des Heeren is rijkdom, en eer, en leven."

#30 Isaiah 40:29
"Hij geeft de vermoeide kracht, en de nietige vermeerdert Hij de sterkte."

#31 Isaiah 40:31
"Maar die den Heere verwachten, zullen hun kracht vernieuwen; zij zullen opvaren met vleugelen als de arenden; zij zullen lopen, en niet moe worden; zij zullen wandelen, en niet verflauwen."

#32 Isaiah 41:14
"'Vear niet, gij worm Jacob, gij man van Israël! Ik zal u helpen,' zegt de Heere en uw Verlosser, de Heilige van Israël."

DE KRACHT VAN NEDERIGHEID OVER ZONDE:
HOE GOD DE MINSTE GEBRUINKT OM ZIJN DOEL TE VERVULEENT

#33 Isaiah 49:1
"Hoort, gij kusten, naar mij; en let op, gij volken, van verre! De Heere heeft mij geroepen van de schoot, van mijn moeder heeft Hij mijn naam genoemd."

#34 Isaiah 53:2-3
"Want Hij is opgekomen als een jonge plant, en als een wortel uit dorren grond; Hij heeft geen gedaante noch majesteit; en als wij Hem zien, is er geen uitzicht dat wij Hem begeren. Hij is veracht en verworpen van de mensen; een man van smarten, en bekend met ziekte; en wij hebben Hem als het ware voor niets gehouden; Hij was veracht, en wij hebben Hem niet geacht."

#35 Isaiah 57:15
"Want aldus zegt de Hoge en Verhevene, die eeuwig woont, en wiens naam is Heilig: 'Ik woon in de hoogte en in de heiligheid, en met den verbrijzelde en nederige van geest, om den geest der nederigen levend te maken en om het hart der verbrijzelden levend te maken.'"

#36 Isaiah 61:1
"De Geest van den Heere Heere is op mij; omdat de Heere mij gezalfd heeft; Hij heeft mij gezonden om de armen blijde tijding te brengen; Hij heeft mij gezonden om te genezen de gebrokenen van hart; om te roepen der gevangenissen: 'Gaat uit!' en der verblinden: 'Komt uit de duisternis.'"

DE KRACHT VAN NEDERIGHEID OVER ZONDE:
HOE GOD DE MINSTE GEBRUINKT OM ZIJN DOEL TE VERVULEENT

#37 Isaiah 66:2
"Want al deze dingen heeft mijn hand gemaakt, en al deze dingen zijn geweest, zegt de Heere; maar op dien zal ik zien, op den armen en de verootmoedigde, en die voor mijn woord beeft."

#38 Jeremiah 1:6-7
"Toen zeide ik: 'Ach, Heere God! zie, ik kan niet spreken, want ik ben een jongen.' Maar de Heere zeide tot mij: 'Zeg niet: Ik ben een jongen; want gij zult gaan naar alles, wat Ik u zenden zal, en gij zult spreken alles, wat Ik u geboden heb.'"

#39   Micah 5:2
"Maar gij, Bethlehem Ephrata, zijt klein om onder de duizenden van Juda te zijn; uit u zal Mij komen, die een Heerser zal zijn in Israël; en zijn uitgangen zijn van ouds, van de dagen der eeuwigheid."

#40   Zephaniah 3:12
"Ik zal in het midden van u laten overblijven een nederig en arm volk, en zij zullen op de naam des Heeren vertrouwen."

DE KRACHT VAN NEDERIGHEID OVER ZONDE:
HOE GOD DE MINSTE GEBRUINKT OM ZIJN DOEL TE VERVULEENT

#41 Zechariah 4:10

"Want wie heeft de dag der kleine dingen veracht? Want zij zullen zich verblijden, als zij de loodsteen in de hand van Zerubbabel zullen zien."

#42 Matthew 5:5

"Zalig zijn de zachtmoedigen; want zij zullen het land beërven."

#43 Matthew 10:42
"En wie ook maar één van deze kleinen een beker koud water te drinken geeft, in de naam van een discipel, voorwaar, ik zeg u, hij zal zijn beloning niet verliezen."

#44 Matthew 11:25
"In dat zelfde uur zeide Jezus: 'Ik prijs U, Vader, Heer des hemels en der aarde, dat Gij deze dingen verborgen hebt voor de wijzen en verstandigen, en ze geopenbaard hebt aan de kinderkens.'"

DE KRACHT VAN NEDERIGHEID OVER ZONDE:
HOE GOD DE MINSTE GEBRUINKT OM ZIJN DOEL TE VERVULEENT

#45 Matthew 11:28-29

"Komt tot Mij, allen die moe en belast zijt, en Ik zal u rust geven. Neemt Mijn yoke op u en leert van Mij, want Ik ben zachtmoedig en nederig van hart, en gij zult rust vinden voor uw zielen."

#46 Matthew 18:3-4

"En Hij zeide: 'Voorwaar, ik zeg u: Tenzij gij u bekeert en wordt als de kinderen, zult gij het Koninkrijk der hemelen voorzeker niet ingaan. Daarom, wie zich zal verootmoedigen als dit kind, die is de grootste in het Koninkrijk der hemelen.'"

#47   Matthew 19:30
"Maar vele eersten zullen de laatsten zijn, en de laatsten de eersten."

#48   Matthew 20:16
"Alzo zullen de laatsten de eersten zijn, en de eersten de laatsten; want velen zijn geroepen, maar weinigen zijn uitverkoren."

#49   Matthew 21:16
"En zeiden tot Hem: 'Hoort Gij wat deze zeggen?' En Jezus zeide tot hen: 'Ja; hebt gij nooit gelezen: 'Uit den mond der kinderen en der zuigelingen hebt Gij lof volmaakt?'"

DE KRACHT VAN NEDERIGHEID OVER ZONDE:
HOE GOD DE MINSTE GEBRUINKT OM ZIJN DOEL TE VERVULEENT

#50 Mark 10:14-15

"Maar als Jezus het zag, was Hij zeer verontwaardigd, en zeide tot hen: 'Laat de kinderen tot Mij komen, en verhindert ze niet; want voor zulke is het Koninkrijk Gods. Voorwaar, ik zeg u: Wie het Koninkrijk Gods niet ontvangt als een kind, zal daarin geenszins ingaan.'"

#51 Luke 1:48

"Want Hij heeft op de nederige staat van Zijn dienstmaagd gezien; zie, van nu aan zullen alle geslachten Mij zaligspreken."

#52   Luke 1:52
"Hij heeft de machtigen van hun tronen gestoten, en de nederigen verhoogd."

#53   Luke 1:53
"De hongerigen heeft Hij met goeds vervuld; en de rijken heeft Hij ledig weggestuurd."

#54   Luke 4:18
"De Geest des Heeren is op Mij, omdat Hij Mij gezalfd heeft om aan de armen het evangelie te prediken; Hij heeft Mij gezonden om de gebrokenen van hart te genezen, om de gevangenissen vrijlating te prediken, en aan de blinden het gezicht te geven, om de onderdrukten vrij te zetten."

DE KRACHT VAN NEDERIGHEID OVER ZONDE:
HOE GOD DE MINSTE GEBRUINKT OM ZIJN DOEL TE VERVULEENT

#55 Luke 6:20

"En Hij, terwijl Hij Zijn ogen op Zijn discipelen richtte, zeide: 'Zalig zijt gij, de armen; want het Koninkrijk Gods is uwen.'"

#56 Luke 9:48

"En Hij zeide tot hen: 'Wie dit kind in Mijn naam ontvangt, ontvangt Mij; en wie Mij ontvangt, ontvangt Hem die Mij gezonden heeft; want wie het geringste onder u allen is, die is groot.'"

#57 Luke 18:13-14
"En de tollenaar, staande van verre, wilde zelfs zijn ogen niet opheffen naar de hemel, maar sloeg zijn borst, zeggende: 'God, wees mij, een zondaar, genadig!' Ik zeg u, deze ging rechtvaardig naar zijn huis af, eerder dan die; want ieder die zich verheft, zal vernederd worden, maar wie zich vernedert, zal verheven worden."

#58 Acts 4:13
"En toen zij de vrijmoedigheid van Petrus en Johannes zagen, en bemerkten dat zij ongeschoolde en gewone mannen waren, verwonderden zij zich, en zij kenden hen, dat zij met Jezus geweest waren."

DE KRACHT VAN NEDERIGHEID OVER ZONDE:
HOE GOD DE MINSTE GEBRUINKT OM ZIJN DOEL TE VERVULEENT

#59 Romans 5:6
"Want Christus is, toen wij nog krachteloos waren, te rechtijdig voor de goddelozen gestorven."

#60 Romans 8:26
"En desgelijks helpt ook de Geest onzer zwakheid; want wij weten niet wat wij bidden zullen, zoals het betaamt; maar de Geest Zelf pleit voor ons met onuitsprekelijke zuchten."

#61 Romans 9:11-13

"Want de kinderen waren nog niet geboren, en hadden noch goed noch kwaad gedaan, opdat de verkiezing des gods naar verkiezing zou blijven, niet uit werken, maar uit Hem die roept; werd tot haar gezegd: 'De oudere zal den jongere dienen.' Zoals geschreven staat: 'Jakob heb Ik liefgehad, maar Ezau heb Ik gehaat.'"

#62 Romans 9:15-16

"Want Hij zegt tot Mozes: 'Ik zal genade geven aan wie Ik genade geef, en zal barmhartig zijn aan wie Ik barmhartig ben.' Zo hangt het dan niet af van den wil of van den loop, maar van God, die genade geeft."

DE KRACHT VAN NEDERIGHEID OVER ZONDE:
HOE GOD DE MINSTE GEBRUINKT OM ZIJN DOEL TE VERVULEENT

#63 Romans 9:21
"Heeft niet de pottenbakker macht over de klei, om uit den zelfden massa een vat tot eer, en een vat tot oneer te maken?"

#64 Romans 11:5
"Alzo is ook in deze tegenwoordige tijd een overblijfsel naar de verkiezing der genade."

#65 Romans 12:16
"Zij zij van dezelfde gezindheid onder elkander; niet op hooge dingen; maar laat u met de nederigen verlossen. Weest niet wijs bij uzelf."

#66　1 Corinthians 1:26
"Want gij ziet uw roeping, broeders, dat er niet vele wijzen naar het vlees, niet vele machtigen, niet vele edelen zijn geroepen."

#67　1 Corinthians 1:27
"Maar God heeft de wijsheid der wereld gek, opdat de wijzen beschaamd zouden worden."

#68　1 Corinthians 1:28-29
"En het hetgeen als niet is, heeft God gekozen, om het hetgeen is te beschamen; opdat geen vlees voor Hem zou roemen."

DE KRACHT VAN NEDERIGHEID OVER ZONDE:
HOE GOD DE MINSTE GEBRUINKT OM ZIJN DOEL TE VERVULEENT

#69   1 Corinthians 4:10

"Wij zijn om Christus' wil dwaas, maar gij zijt wijs in Christus; wij zijn zwak, maar gij zijt sterk; gij zijt geëerd, maar wij zijn veracht."

#70   1 Corinthians 9:22

"Aan de zwakken ben ik als een zwakke geworden, om de zwakken te winnen. Ik ben allen geworden, opdat ik er zekerden zou redden."

#71   1 Corinthians 12:22-23
"Nee, maar veel meer, die leden van het lichaam, die de zwakste schijnen, zijn noodzakelijk. En die leden des lichaams, die ons minder eerbaar schijnen, daar geven wij des te meer eer aan."

#72   2 Corinthians 3:5
"Niet dat wij van ons zelven genoeg zijn te denken iets als uit ons zelven, maar onze voldoende is uit God."

DE KRACHT VAN NEDERIGHEID OVER ZONDE:
HOE GOD DE MINSTE GEBRUINKT OM ZIJN DOEL TE VERVULEENT

#73   2 Corinthians 4:7
"Maar wij hebben deze schat in aarden vaten, opdat de overgrote kracht van God zij, en niet uit ons."

#74   2 Corinthians 4:8-9
"Wij worden van alle zijden gedrukt, maar niet benauwd; wij worden in het nauw gebracht, maar niet in de wanhoop; wij worden vervolgd, maar niet verlaten; wij worden neergestoten, maar niet verloren."

#75 2 Corinthians 8:9
"Want gij weet de genade van onzen Heere Jezus Christus, dat, hoewel Hij rijk was, is Hij om uwentwil arm geworden, opdat gij door zijn armoede rijk zoudt worden."

#76 2 Corinthians 10:10
"Want de zeggen: 'De brieven zijn zwaar en krachtig; maar de lichamelijke tegenwoordigheid is zwak, en het spreken verachtelijk.'"

DE KRACHT VAN NEDERIGHEID OVER ZONDE:
HOE GOD DE MINSTE GEBRUIKT OM ZIJN DOEL TE VERVULEENT

#77   2 Corinthians 12:5
"Van zo iemand zal ik roemen; maar van mijzelf zal ik niet roemen, dan in mijn zwakheden."

#78   2 Corinthians 12:9-10
"En Hij heeft tot mij gezegd: 'Mijn genade is u genoeg; want mijn kracht wordt in zwakheid volbracht.' Daarom zal ik met blijdschap graag mijn zwakheden roemen, opdat de kracht van Christus op mij verblijf."

#79   2 Corinthians 13:4
"Want alhoewel Hij uit zwakheid gekruisigd is, leeft Hij door de kracht van God; want wij zijn ook zwak in Hem, maar wij zullen met Hem leven door de kracht van God tot u."

#80   Ephesians 1:4
"Gelijk Hij ons verkoren heeft in Hem voor de stichting der wereld, dat wij heilig en onberispelijk zouden zijn voor Hem in de liefde."

DE KRACHT VAN NEDERIGHEID OVER ZONDE:
HOE GOD DE MINSTE GEBRUINKT OM ZIJN DOEL TE VERVULEENT

#81 Ephesians 2:8-9
"Want uit genade zijt gij behouden, door het geloof; en dat niet uit uzelf; het is een gave van God; niet uit de werken, opdat niemand roeme."

#82 Ephesians 3:8
"Aan mij, die de geringste ben van al de heiligen, is deze genade gegeven, dat ik onder de heidenen het evangelie zou prediken der ondoorgrondelijke rijkdom van Christus."

#83   Philippians 2:3
"Doet niets uit eigenbelang, of uit eerzucht; maar laat in nederigheid de een de ander voortreffelijker achten dan zichzelf."

#84   Philippians 4:12-13
"Ik weet hoe te zijn verlaagd, en ik weet hoe te zijn overvloedig; in alles en in alle dingen ben ik onderwezen, zowel te zijn verzadigd als ook te lijden honger; zowel overvloed te hebben als gebrek te lijden. Ik kan alle dingen, door Christus, die mij kracht geeft."

DE KRACHT VAN NEDERIGHEID OVER ZONDE:
HOE GOD DE MINSTE GEBRUIKT OM ZIJN DOEL TE VERVULEENT

#85   1 Timothy 1:15
"Dit is een getrouw woord, en het waard om ten volle aangenomen te worden, dat Christus Jezus in de wereld gekomen is om de zondaren te behouden, van welke ik de eerste ben."

#86   1 Peter 5:5
"Evenzo, gij jonge mensen, zijt onderdanig aan de ouderen; en allen zijt in nederigheid onder elkander; want God weerstaat de hoogmoedigen, maar geeft genade aan de nederigen."

#87   1 Peter 5:6
"Verootmoedigt u dan onder de krachtige hand van God, opdat Hij u op zijn tijd verhoogt."

#88   Hebrews 11:34
"En zij hebben de geweldigheid der vuren gedoofd, de zwaarden der zwaarden ontvloden, zijn uit zwakheid sterk gemaakt, zijn in de strijd krachtig geweest, en de legers der vreemden tot vluchten gedreven."

DE KRACHT VAN NEDERIGHEID OVER ZONDE:
HOE GOD DE MINSTE GEBRUINKT OM ZIJN DOEL TE VERVULEENT

#89　James 1:9
"Laat de lage broeder zich in zijn verheffing roemen."

#90　James 2:5
"Hoort, mijn geliefde broeders: Heeft God niet de armen van deze wereld gekozen, rijk te zijn in het geloof en erfgenamen van het Koninkrijk, dat Hij beloofd heeft aan degenen, die Hem liefhebben?"

#91 James 4:6
"Maar Hij geeft meer genade; daarom zegt Hij: 'God wederstaat de hoogmoedigen, maar geeft genade aan de nederigen.'"

DE KRACHT VAN NEDERIGHEID OVER ZONDE:
HOE GOD DE MINSTE GEBRUINKT OM ZIJN DOEL TE VERVULEENT

www.ingramcontent.com/pod-product-compliance
Lightning Source LLC
Chambersburg PA
CBHW072034060426
42449CB00010BA/2252